Gold oder Geld?

Praktische Darstellung einer abstrakten Geldwährung

Von

Kurt von Eichborn

Verlag Duncker & Humblot · München und Leipzig 1931

Alle Rechte vorbehalten

Pierersche Hofbuchdruckerei Stephan Geibel & Co. in Altenburg, Thür.

Vorwort

Die wirtschaftspolitischen Folgen des Weltkrieges, insbesondere aber die Gesamtentwicklung der Weltwirtschaft in der Nachkriegszeit und ihr immer stärker hervorgetretener krisenhafter Charakter, haben zu den vielfältigsten Untersuchungen und Diskussionen Veranlassung gegeben. Hierbei hat das Problem des Goldes als Weltkapital mit im Vordergrunde gestanden, und es scheint fast allgemeine Überzeugung zu werden, daß die Weltwirtschaftskrise im Grunde genommen nur von der Seite des Goldes bzw. Geldes aus verursacht sei. Daß man dabei einmal von einer ungenügenden Goldproduktion, ein anderes Mal von einer falschen Verteilung der Goldvorräte in der Welt infolge einer Goldhortung durch einzelne Stellen oder von einer falschen Kreditpolitik seitens dieser spricht, ist unwesentlich. Wichtig und entscheidend ist dagegen, daß Gold und Geld in allen diesen Erörterungen in unlöslichem Zusammenhang erscheinen, da sie sämtlich, von den gegenwärtigen Währungsverhältnissen in den wichtigsten Wirtschaftsländern der Welt ausgehend, die Goldwährung als conditio sine qua non der Weltwirtschaft ohne weiteres voraussetzen und die Frage, ob dem wirklich so ist oder sein muß, gar nicht erst gestellt wird.

Dieses Verfahren bedeutet eine ebenso willkürliche wie bedenkliche Vereinfachung des Gesamtproblems, das **Weltwirtschaft und Krise** heißt, und schon aus diesem Grunde muß es zweifelhaft werden, ob eine derartige Betrachtungsweise zu richtiger Erkenntnis führen kann. Voreingenommenheiten trüben fast immer den Blick. Es wäre daher auf jeden Fall von Vorteil, wenn der ganze Fragenkomplex des Goldes aus der Prüfung und Deutung der Vorgänge in der Weltwirtschaft als belanglos ausgeschaltet werden könnte. Dies ist durchaus möglich. Schon einige Jahre vor dem Kriege ist durch die bahnbrechende theoretische Tat von Knapp festgestellt worden, daß das Geld weder des Goldes noch sonst eines Metalles oder anderer Wertunterlagen bedarf, um an sich existenz- und funktionsfähig zu sein. Es kommt also nur darauf an, ein derart abstraktes Geld und eine darauf aufgebaute Währung zu schaffen und einzuführen. Gelingt dies, so wird das Gold sofort seiner für das Schicksal der Weltwirtschaft angeblich so entscheidenden Rolle entkleidet und der Blick für eine voraussetzungslose Erforschung der Zusammenhänge des weltwirtschaftlichen Geschehens wieder frei.

Diesem Ziele möchte der hier gemachte Versuch des Aufbaus und der Durchführung einer rein abstrakten Geldwährung dienen. Da der praktische Nachweis der Möglichkeit einer solchen seine einzige Aufgabe ist, wird bezüglich des Theoretischen ein für allemal auf das Werk von Knapp[1] verwiesen, desgleichen auf die bereits in das Praktische übergreifenden Veröffentlichungen von Bendixen[2], die in der vorliegenden Arbeit teils ausgewertet, teils fortgeführt und ergänzt sind. Theorie und Praxis sind dabei absichtlich nicht streng voneinander getrennt gehalten, sondern erscheinen in wechselweiser Verknüpfung, denn dies bot den Vorteil, je nachdem die eine aus der andern hervorgehen und dadurch beide gegenseitig sich begründen zu lassen.

Um Mißverständnissen zu begegnen, sei nochmals ausdrücklich betont, daß diese Arbeit nichts weiter bezweckt, als das Thema einer praktischen abstrakten Geldwährung als solches ernsthaft einmal zur Diskussion zu stellen. Infolgedessen ist mit Absicht nur das Allernotwendigste gesagt und jedes Eingehen auf Details, insbesondere aber zeitbedingte Fragen vermieden worden. Zu diesen Stellung zu nehmen, wird erst an der Zeit sein, wenn die Möglichkeit und Nützlichkeit einer abstrakten Währung anerkannt ist und ihre Einführung verwirklicht werden soll.

Breslau, Juli 1931. **Kurt v. Eichborn**

---

[1] Staatliche Theorie des Geldes, 1905. Verlag Duncker & Humblot.
[2] Das Wesen des Geldes, 1908, und Geld und Kapital, 1912. Verlag Duncker & Humblot.

Grundsätzlich sei vorweg in Kürze folgendes gesagt:

Geld ist kein Tausch- oder sonstiges Gut, sondern erfüllt in wirtschaftlicher Hinsicht nur eine Hilfsfunktion, nämlich die, als Recheneinheit entweder Vermittler zwischen Produktion und Konsumtion zu sein oder vorübergehend den Ausgleich zwischen Kapitalsübertragungen zu bewirken. Um diese Funktion ausüben zu können, bedarf es keines Eigenwertes, wohl aber einer durch den Staat vorzunehmenden rechtlichen Ordnung und einer seinen wirtschaftlichen Funktionen entsprechenden Regelung seiner Form und Ausgabe.

Hierzu ist folgendes notwendig: Der Staat setzt die Werteinheit fest. Er bestimmt die äußeren Erscheinungsformen dieses Währungsgeldes, stattet sie mit gesetzlicher Zahlungskraft für den gesamten inländischen Zahlungsverkehr aus und überträgt die Ausgabe oder richtiger Schöpfung des Geldes ausschließlich einer von den Staatsfinanzen unabhängig arbeitenden zentralen staatlichen Bankanstalt.

Um den ausländischen Zahlungs- und Wirtschaftsverkehr zu sichern, erklärt der Staat ferner, wie er den einzelnen ausländischen Währungen gegenüber in jedem einzelnen Falle das Pari seiner Währung festsetzt. Die Aufrechterhaltung dieses Pari überträgt er der die Geldausgabe vollziehenden Zentralstelle und setzt sie hierzu durch eine Kontrolle und, gegebenen Falles, Beeinflussung der Zahlungsbilanz und eine entsprechende Führung seiner allgemeinen Wirtschaftspolitik in den Stand.

Die Durchführung aller dieser Maßnahmen, zum Beispiel für Deutschland, würde sich zweckmäßigerweise folgendermaßen zu gestalten haben.

Als Werteinheit festgesetzt wird die Deutsche Mark, gleich der jetzt geltenden Reichsmark, eingeteilt in 100 Deutsche Pfennige. Das Pari wird entsprechend festgesetzt mit

20,435 Deutsche Mark = 1 Pfund Sterling,
4,1980 Deutsche Mark = 1 Dollar usw.

Als Ausgabestelle des neuen Währungsgeldes wird die zu verstaatlichende Reichsbank bestimmt. Der Vorgang der Verstaatlichung an und für sich bereitet keine Schwierigkeiten, so daß die Darlegung der erforderlichen Maßnahmen hier entbehrlich ist. Durch Gesetz wird festgelegt, daß auch nach der Verstaatlichung die Reichsbank keinerlei

Kredite dem Reich einräumen darf mit Ausnahme der bisher schon bestehenden Befugnis, bis höchstens 400000000 D. M. dreimonatliche Reichsschatzwechsel diskontieren zu dürfen.

Die Geldausgabe wäre so zu regeln:

Da der Zahlungsverkehr in der ganzen Welt und besonders auch in Deutschland ohnehin bereits mehr und mehr bargeldlose Formen angenommen hat, wird er grundsätzlich auf den Giroverkehr der Reichsbank abgestellt, das heißt: das zur Ausgabe gelangende Geld erhält durchgängig die Form von Wertzeichen, die sich juristisch als Gutschriftsverpflichtungen der Reichsbank auf ihrem Girokonto darstellen. Für den Großverkehr werden Scheine, für den Kleinverkehr Münzen in hartem, aber nicht edlem Metalle ausgegeben. Die Ausprägung von Münzen durch Private oder das Reich hört auf; ebenso das Recht der Ausgabe von Banknoten durch andere Banken. Als gesetzliche Zahlungsmittel gelten hinfort nur:

1. Gutschriften auf Girokonto der Reichsbank,
2. die von der Reichsbank ausgegebenen, Gutschriftsverpflichtungen bedeutenden Wertzeichen.

Dem vom Reiche zur Zeit ausgegebenen Scheidegeld wird bis zu seiner allmählichen Einziehung und Ersetzung durch die neu auszufertigenden Wertzeichen der Reichsbank gesetzliche Zahlkraft verliehen.

Geld entsteht also hinfort dadurch, daß die Reichsbank entweder einem Kontoinhaber einen Betrag auf Girokonto gutschreibt oder Wertzeichen, die Gutschriftsverpflichtungen sind, aushändigt. Unter welchen Voraussetzungen soll beides geschehen?

Da das Geld seiner wirtschaftlichen Natur nach nur ein rechnerisches Hilfsmittel bei der Abmessung von Leistungen und Gegenleistungen ist und als abstrakte Werteinheit weder eines volkswirtschaftlichen eigenen Wertes noch einer materiellen Wertbeständigkeit bedarf, sondern es genügt, wenn ihm in privatwirtschaftlicher Hinsicht ein symbolischer Wert eignet, nämlich der Wert der in der Volkswirtschaft vorhandenen käuflichen Güter, wird eine gesunde Geldschöpfung, das heißt Schaffung von neuer zusätzlicher Kaufkraft, immer nur da stattfinden können und dürfen, wo ein Verkauf neu hergestellter Konsumgüter durch deren Produzenten stattfindet. Aber auch in diesem Falle wird die Geldschöpfung nur dann volkswirtschaftlich richtig sein, wenn das neugeschaffene Geld die zum Konsum bestimmten Güter, deren Verkauf es nur vermittelt, nicht überlebt, denn sonst behielte es einen dauernden Anspruch auf Güter.

Hiernach ergibt sich klar, daß eine klassische Geldschöpfung zum Beispiel dann vorliegt, wenn ein Produzent an einen Konsumenten Güter gegen einen von diesem akzeptierten Wechsel verkauft und diesen Wechsel direkt oder durch Vermittlung einer privaten Bank bei der Reichsbank gegen Gutschrift auf Girokonto oder Aushändigung von Wertzeichen in der Form von Gutschriftsverpflichtungen der Reichsbank diskontiert. Denn das durch diesen Vorgang in diesem Einzelfalle von der Reichsbank neu geschaffene Geld kehrt durch die Einlösung des Wechsels seitens des Akzeptanten wieder an die Geldschöpfungsquelle, das ist die Reichsbank, zurück; es hat damit seine Vermittlungstätigkeit erfüllt, scheidet aus dem Verkehr wieder aus und verliert zugleich seine Existenz.

Das Wichtige und Entscheidende ist also, daß der Wechsel bei Verfall eingelöst wird, und zwar darf die Einlösung nur durch Einlieferung von Geld bei der Reichsbank geschehen. Zieht sich die Verwertung der vom Akzeptanten erworbenen Güter über den Verfalltermin des Wechsels hinaus hin, das heißt: ist in der Zwischenzeit die in den erkauften Gütern steckende Vorleistung des Produzenten nicht durch eine eigene Gegenleistung des Akzeptanten, für welche dieser seinerseits Geld erhalten hat, ausgeglichen, mit anderen Worten, hat der Akzeptant nicht genügend eigenes Geld zur Einlösung des Wechsels zur Verfügung, so muß er auf eine entsprechend große, von irgendeiner anderen Stelle bewirkte Leistung zurückgreifen, indem er sich das Geld, das diese für ihre Leistung erhalten hat, von ihr borgt. Es ist dies dann ein Vorgang, der sich auf dem Geld- (Kredit-) Markt, auf den später noch eingegangen wird, abspielt. Eine Prolongation des Wechsels durch die Reichsbank darf jedenfalls unter keinen Umständen stattfinden, denn damit würde sich die ursprüngliche Geldschöpfung ihrem Wesen nach grundlegend verändern. Sie bedeutete die Schaffung neuer, zusätzlicher Kaufkraft und erfolgte im Wege einer Krediteinräumung an den Akzeptanten des Wechsels, die nur dann vertretbar ist, wenn unbedingt darauf gehalten wird, daß der Empfänger der Güter innerhalb der ihm durch die Laufzeit des Wechsels gesetzten Frist eine der vom Lieferanten der Güter geleisteten Vorleistung entsprechend große Gegenleistung bewirkt. Bleibt diese aus, und wird sie durch eine in ihrer Wirkung einer Nichteinlösung des Wechsels gleichkommende Prolongation desselben ersetzt, so wird aus der vorläufigen eine definitive Krediteinräumung und die Geldschöpfung wandelt sich zur Geldleihe, die etwas grundsätzlich von ihr Verschiedenes ist und nie und nimmer eine Wirkung von Geldschöpfung sein darf.

Die mit der Diskontierung des Wechsels durch die Reichsbank verbundene Krediteinräumung schließt also zwei Risiken in sich. Das eine Risiko ist volkswirtschaftlicher Natur und besteht darin, ob der Akzeptant die ihm obliegende volkswirtschaftliche Gegenleistung erfüllen wird. Das zweite Risiko ist privatwirtschaftlicher Natur und besteht darin, ob der Akzeptant — unabhängig davon, ob er seiner vorerwähnten volkswirtschaftlichen Verpflichtung nachkommt oder nicht — bei Verfall des Wechsels zahlungsfähig ist. Es ist klar, daß vom Standpunkt der Geldschöpfung aus das erstere, das volkswirtschaftliche, Risiko wichtiger, ja geradezu bedenklich ist, und es wird die Frage dringend, ob es nicht möglich ist, die Geldschöpfung der Reichsbank von jeder Zwischenschaltung einer wenn auch nur behelfsmäßigen und vorläufigen Krediteinräumung dieser Art zu befreien.

Diese Möglichkeit ist durchaus gegeben. Es genügt die Bestimmung, daß die Reichsbank nur solche Wechsel als Unterlage für eine Geldschöpfung gelten lassen darf, die bereits den Geldmarkt berührt haben. Dies würde zum Beispiel der Fall sein, wenn der Produzent das von seinem Warenabnehmer erhaltene Akzept an eine Privatbank verkauft hätte und diese den Wechsel später ihrerseits bei der Reichsbank diskontierte. Diese Zwischenschaltung des Geldmarktes ist nicht nur volkswirtschaftlich von grundsätzlicher Bedeutung, sondern gibt auch dem bei der Geldschöpfung sich abspielenden Vorgang einen grundsätzlich anderen Charakter. Denn die Hingabe von Geld beim Ankauf des Wechsels durch die Privatbank wirkt sich volkswirtschaftlich so aus, daß sie als eine Art Zwischenleistung der Bank die fehlende volkswirtschaftliche Leistung des Akzeptanten ersetzt und dadurch bei der Weitergabe des Wechsels durch die Privatbank an die Reichsbank dieser die Möglichkeit gegeben ist, daraufhin eine Schöpfung von neuem Gelde, ohne Eingehung eines volkswirtschaftlichen Risikos, vorzunehmen.

Hieraus ergibt sich eine wichtige Folgerung:

Ebensowenig wie durch eine Prolongation darf der Akzeptant die Einlösung seines Akzepts durch eine direkte Diskontierung solcher Akzepte bei der Reichsbank vornehmen, die er etwa bei dem Weiterverkauf der Waren von seinen Unterkäufern erhalten hat, denn auch diesen haftet von der Seite der Akzeptanten der Makel noch unerfüllter volkswirtschaftlicher Leistung an. Er muß vielmehr diese Wechsel im offenen Geldmarkt verkaufen und kann erst mit dem hieraus erzielten Geld sein eigenes Akzept bei der Reichsbank einlösen.

Wie verhält es sich nun aber mit den vorerwähnten Akzepten der neuen Käuferschicht, nachdem sie in der vorbezeichneten Weise den Geldmarkt berührt haben? Ist es zulässig, daß die Reichsbank, falls sie von irgendeiner Stelle ihr zum Diskont eingereicht werden, auf Grund derselben eine neue Geldschöpfung vornimmt? Diese Frage muß unbedingt verneint werden. Zwar besteht die Möglichkeit, daß zu dem Zeitpunkte der Einreichung dieser Wechsel bei der Reichsbank die auf Grund der Waren beim Verkauf durch den Produzenten seinerzeit erfolgte erstmalige Geldschöpfung bereits dadurch wieder aufgehoben worden ist, daß der bei diesem ersten Verkauf der Waren entstandene Wechsel inzwischen in Geld eingelöst worden ist und damit eine Rückgabe des Geldes an die Geldschöpfungsstelle stattgefunden hat, mithin durch eine erneute Geldschöpfung auf Grund der gleichen Warenpartie oder von Teilen derselben eine doppelte Schaffung von Geld und damit einer zusätzlichen Kaufkraft, der ein entsprechendes Mehr von konsumfähigen Gütern nicht gegenübersteht, nicht stattfinden würde. Aber dies würde den Akt der Geldschöpfung, der so einfach und reibungslos wie möglich gestaltet werden muß, mit so schwierigen und zeitraubenden Kontrollmaßregeln belasten, daß an ihrer Durchführbarkeit gezweifelt werden muß. Schon aus diesem Grunde müssen also Wechsel der vorbezeichneten Art als Grundlage für eine Geldschöpfung durch die Reichsbank ausscheiden, und es bedarf zur Begründung dieser wichtigen Feststellung nicht erst der weiteren Erwägung, daß unter Umständen die Waren sehr schnell von einer Hand in die andere gehen, in Verbindung hiermit immer weitere Käuferakzepte entstehen könnten und auf diese Weise eine immer gleichbleibende Warenmenge zum Träger einer sogar vervielfachten zusätzlichen Kaufkraft zu werden vermöchte.

Anders liegen die Dinge, wenn es sich um Waren handelt, die einer Veredlung oder Verarbeitung derart unterworfen werden, daß ein neues Produkt entsteht, in dem sie in ihrer ursprünglichen Beschaffenheit untergehen und damit konsumiert werden. Wird dieses neue Produkt vom Veredler oder Produzenten verkauft, so kann die Reichsbank, wenn ein hierbei entstehendes Käuferakzept auf dem Umwege über den Geldmarkt zu ihr gelangt, neues Geld gegen dasselbe ausgeben.

Zusammengefaßt ergibt sich also letzthin als wesentlich und entscheidend, daß nur solche Wechsel als Grundlage für eine Geldschöpfung durch die Reichsbank sich eignen, die von einem Produzenten auf einen Konsumenten gezogen sind. Außerdem müssen diese Wechsel zuvor den Geldmarkt berührt haben, mit anderen Worten: die Reichsbank darf diese Wechsel nur von mit ihr im Diskont- bzw. Geldverkehr stehenden Geldinstituten ankaufen, nicht aber von den Ausstellern der Wechsel.

Es macht hierbei, unter Wahrung des letzteren Vorbehaltes, volkswirtschaftlich nichts aus, wenn an Stelle des Akzepts des Warenkäufers das Akzept einer Privatbank tritt, auf die der Verkäufer zu Lasten des Käufers einen Wechsel zieht. Solche Bankakzepte darf die Reichsbank ankaufen und zur Grundlage einer Geldschöpfung machen. Bankakzepte aber, die ohne die Grundlage eines solchen Warengeschäftes ausschließlich zur Geldbeschaffung dienen, indem sie dem Aussteller vermehrtes Betriebskapital verschaffen oder Investitionen finanzieren sollen, sind nur eine besondere Form von Krediteinräumung in Gestalt von sogenannten Finanzwechseln und kommen als Unterlage für eine Geldschöpfung durch die Reichsbank auf keinen Fall in Betracht. Das gleiche gilt für irgendwelche Wechsel, die auf Grund von unverkauften Gütern (Warenlägern) gezogen sind; denn diese haben durch ihre Unverkäuflichkeit die Eigenschaft, Konsumgüter zu sein, zum mindesten vorübergehend verloren und dafür den Charakter von Kapital angenommen. Ebensowenig kommen Wechsel in Betracht, die gegen Effekten, Hypotheken oder sonstige Kapitalwerte gezogen sind. Es zeugt von einem durchaus richtigen Gefühl für die Voraussetzungen einer gesunden Geldschöpfung, daß die Reichsbank bisher schon bei dem Ankauf von Wechseln in dieser Weise verfahren ist.

Damit dürfte klargestellt sein, unter welchen Voraussetzungen und wie die Geldschöpfung durch die Reichsbank zu erfolgen hat. Es ergibt sich zugleich hieraus, daß die Reichsbank zum Ausweis, daß sie bei der Geldschöpfung korrekt verfahren ist, ständig soviel geeignete Wechsel in ihrem Bestande haben muß, daß ihr Gesamtbetrag der Gesamtsumme durch Gutschrift auf Girokonto oder Aushändigung von Wertzeichen neu geschaffenen Geldes entspricht.

Diese Vorschrift darf aber nicht zu der alten falschen Auffassung führen, daß der vorbezeichnete Wechselbestand in irgendeiner Weise dazu dienen soll, dem in Verbindung mit ihm von der Reichsbank neu geschaffenen Gelde einen materiellen Eigenwert zu verleihen. Einen solchen hat das Geld ebensowenig notwendig wie irgendeine materielle Wertbeständigkeit. Das von der Reichsbank in der geschilderten Weise neu geschaffene Geld ist nichts weiter, als einerseits ein juristischer Begriff, andererseits ein Zahlungsmittel, ähnlich wie die Marken beim Kartenspiel, herausgehoben über den Bereich eines materiellen Wertes an sich und beständig in seiner gesetzlich festgelegten Werteinheit und allgemeinen Zahlungskraft. Das der Goldwährung wie jeder anderen materiell fundierten Währung, also auch einer auf der Unterlage von Grund und Boden aufgebauten, unausweichlich so oder so anhaftende Dilemma einer künstlich festgesetzten und daher auch nur **künstlich aufrechtzuerhaltenden** festen eigenen Wertgrundlage ist hier, im rein abstrakten Gelde, vermieden.

Hiernach ist nur noch die Frage zu klären, in welchem Umfange die Reichsbank in dieser Weise geldschöpfend werden darf. Es erscheint richtig, eine starre Grenze hierfür nicht festzusetzen. Die Geldschöpfung ist nur ein, allerdings eminent wichtiger Teil der gesamten volkswirtschaftlichen Tätigkeit und muß sich daher deren Auf und Ab anpassen[1]. Freilich bedarf es hierzu einer fortlaufenden wirtschaftspolitischen Kontrolle, wie sie ja in gewissem Umfange die Reichsbank auch heute schon ständig ausübt. Denn eine ungehemmte Geldschöpfung kann die verhängnisvollsten Folgen für die gesamte Volkswirtschaft haben. Die Hauptaufgaben dieser Kontrolle bestehen darin, die Wirtschaft vor Auswüchsen und einer ungesunden Entwicklung, die sich zwar häufig, aber nicht immer von selbst korrigieren, ebenso zu schützen wie die Festigkeit der eigenen Währung gegenüber den fremden Währungen. Über diese Aufgaben der Reichsbank und die Mittel und Möglichkeiten ihrer Lösung wird am Schluß gesprochen werden.

Das von der Reichsbank geschaffene Geld kommt nun in den Verkehr und dient hier als das allgemeine, einzig mit gesetzlicher Zahlungskraft ausgestattete Zahlungsmittel den verschiedensten Zwecken. Zugleich geht aber mit dem Geld teilweise und allmählich eine Veränderung vor sich, die seinen Charakter von Grund auf verändert: Alles Geld, das nicht im Wege des Konsums verbraucht wird, verwandelt sich nämlich in Kapital und kann aus Kapital sich nie wieder in Geld zurückverwandeln. Hieraus ergeben sich für eine richtige Regelung des Geldverkehrs wichtige Folgerungen.

Ein Teil des Geldes, das zum allmählichen Konsum oder für später notwendig werdende Zahlungen bestimmt ist, bleibt als „Kassenbestand" in vielfacher Weise dem Verkehr entzogen, nicht anders als früher das Geld im „Strumpf". Im allgemeinen aber ist jedermann bemüht, diese

---

[1] Erfahrungsgemäß tritt zum Beispiel regelmäßig zu bestimmten Terminen infolge von sich im übrigen schnell wieder ausgleichenden Miets-, Lohn-, Zins- und sonstigen periodisch wiederkehrenden Zahlungen eine gesteigerte Nachfrage nach Zahlungsmitteln auf.

zinslosen Kassenbestände möglichst gering zu halten, und zahlt daher sein verfügbares Geld bei irgendeinem Geldinstitut ein. Dieses, die Form von Guthaben bei privaten Banken annehmende Geld ist in immerwährendem Zu- und Abstrom bei diesen begriffen und wird von den Banken der Wirtschaft als Betriebskapital zugeleitet. Es stellt recht eigentlich die Grundlage des Geld- (Kredit-) Marktes dar, aus dem zum Beispiel in dem bei der Darstellung der Geldschöpfung behandelten Falle der Warenkäufer das zur Einlösung seines dem Verkäufer gegebenen Akzeptes benötigte Geld sich leiht, wenn er die Waren nicht rechtzeitig verkaufen konnte.

Ein weiterer Teil des in den Verkehr gelangten Geldes wird von seinen Empfängern nicht verbraucht, sondern gespart. Es wird auf „Sparkonto" bei Sparkassen oder Privatbanken eingezahlt oder in irgendeiner Form in Besitzgütern angelegt, und damit verwandelt sich ohne Rücksicht auf die gewählte Verwendungsart sein Charakter von Grund aus. Denn es ist gleichgültig, ob der Erwerb einer Beteiligung an einem wirtschaftlichen Unternehmen gewählt wird, gleichgültig auch, ob dieses zum Beispiel in der Form einer offenen Handels- oder Aktiengesellschaft betrieben wird, ob ein Haus oder eine Liegenschaft mit dem Gelde gekauft wird, oder der Anteil an einem Haus oder einer Liegenschaft in Gestalt einer Hypothek oder auf Grund einer solchen ausgegebener Pfandbriefe oder Obligationen, Anleihen öffentlicher oder privater Stellen oder auch etwa Schmuck, Kunstgegenstände, Bücher und dergleichen. In diesen und allen anderen Fällen, in denen Geld nicht verbraucht, das heißt nicht für Konsumgüter oder von Dritten in Anspruch genommene persönliche Dienste ausgegeben wird, verwandelt es sich in irgendeine Form mehr oder minder starren Besitzes, und die Gesamtheit der Erscheinungsformen dieser Art bildet den Kapitalmarkt und steht in einem durchaus wesensfremden Gegensatz zum Geldmarkt. Denn während bezüglich des in der Gesamtsumme seiner Einzelbeträge den Geldmarkt bildenden Geldes seitens seiner Besitzer eine definitive Entscheidung über seine Verwendung noch nicht getroffen worden ist, das Geld vielmehr, wie ein treffender Ausdruck sagt, „flüssig" gehalten wird, gerinnt es bei Überführung in den Kapitalmarkt unweigerlich und unwiederbringlich zu einer nicht wieder in Geld zurückverwandelbaren Form; es wird, wie ein anderer, ebenso treffender Ausdruck besagt, „fest" angelegt. Zwar ist es möglich, Kapitalbesitz von einem auf den andern zu übertragen, aber das in irgendeiner Gestalt von Kapitalbesitz einmal in Kapital umgewandelte Geld bleibt ewig

Kapital, denn für die Volkswirtschaft ist es gleichgültig, ob das Haus jetzt nicht mehr dem A (Verkäufer), sondern dem B (Käufer) gehört. Das Geld aber, das bei Kapitalbewegungen sowohl als Recheneinheit wie auch als Zwischenträger nicht entbehrt werden kann, und das im vorliegenden Fall A von B erhält, entstammt immer in irgendeiner Form direkt dem Geldmarkt, sei es, daß B zum Beispiel das zum Ankauf des Hauses benötigte Geld bisher nicht „fest" angelegt, sondern noch „flüssig" hatte, sei es, daß er zu seiner Beschaffung einen Teil seines sonstigen Kapitalbesitzes, zum Beispiel Wertpapiere oder ein Gemälde, an einen anderen verkaufen mußte, der seinerseits im Besitze von „flüssigem" Gelde war; sei es schließlich, daß er es sich im offenen Geldmarkt leihen mußte.

Aus dem grundverschiedenen Charakter von Geld- und Kapitalmarkt geht also mit restlos zwingender Notwendigkeit hervor, daß und warum eine Geldschöpfung auf Grund von Kapitalgütern nie und nimmer stattfinden darf und alle dahingehenden Projekte als verderblich für die Volkswirtschaft auf das allerentschiedenste und ein für allemal abgelehnt werden müssen. Eine ganz andere Frage ist es dagegen, ob die Reichsbank in den Geldmarkt und seinen Geldverkehr eingeschaltet werden kann und soll. Hierauf ist zu antworten:

Diese Einschaltung ist unbedingt notwendig, denn sie kann schlechterdings nicht entbehrt werden. Allerdings kommt alles darauf an, daß sie sich organisch vollzieht.

Um klarzustellen, worum es sich hierbei handelt, muß noch einmal auf den Vorgang der Geldschöpfung zurückgegriffen werden. Diese entsteht mit der Hergabe von Geld gegen gewisse befristete Wechsel und muß, dies ist der springende Punkt, bei Ablauf der Wechsel durch deren Einlösung in Geld, treffender vielleicht noch ausgedrückt, durch Auslösung oder Rückkauf der Wechsel, ihr Ende finden. Hieraus geht zweierlei hervor:

1. Der Verlauf und Umfang der Geldschöpfung muß jederzeit klar erkennbar sein.

2. Was der Empfänger des neu ausgegebenen Geldes mit diesem macht, ist belanglos.

Hiernach empfiehlt sich folgende Regelung: Die Geldschöpfung wird einer besonderen, nur dieser Aufgabe dienenden Abteilung der Reichsbank, genannt Geldabteilung, übertragen. Sie nimmt die zur Geldschöpfung geeigneten Wechsel herein und stellt dagegen einer neu einzurichtenden Bankabteilung entsprechende Beträge in „Gutschriftsverpflichtungen auf Girokonto" zur Verfügung. Die Wechsel werden auf Wechselkonto, die ausgelieferten Gutschriftsverpflichtungen auf einem Geldausgabekonto verbucht. Eine Diskontierung der Wechsel durch die Geldabteilung findet nicht statt. Wechselkonto und Geldausgabekonto decken sich jederzeit. Die Geldabteilung übergibt der Bankabteilung rechtzeitig die Wechsel zum Einzug und verwendet die von dieser dagegen empfangenen Geldbeträge zur Tilgung des Geldausgabekontos. Die Bankabteilung garantiert der Geldabteilung den Eingang der Wechsel. Damit wird die Geldschöpfung von dem ihr bisher noch anhaftenden Risiko einer privatwirtschaftlichen Krediteinräumung befreit und hierdurch erst ganz einwandfrei.

Die Bankabteilung verwendet die von der Geldabteilung erhaltenen Gutschriftsverpflichtungen dazu, den Einreichern der Wechsel diese zu diskontieren und entsprechende Beträge auf Girokonto gutzuschreiben; sie führt und kontrolliert zugleich die einzelnen Wechselobligos. Die Inhaber der Girokonten dürfen über diese, die stets Guthaben aufweisen müssen, entweder durch Giroüberweisung auf andere Girokonten oder Anforderung von Wertzeichen verfügen.

Geldabteilung und Bankabteilung veröffentlichen getrennte Ausweise. Damit wird erreicht:

1. Entstehung, Ablauf und jeweiliger Umfang der Geldschöpfung sind klar und übersichtlich dargestellt.

2. Die Verwendung des Geldes ist den Empfängern völlig freigestellt. Ihre Guthaben auf Girokonto bei der Reichsbank sind von dem Geldschöpfungsakte vollkommen losgelöst und unterscheiden sich, wie auch die einzelnen Girokonten selbst, in nichts von Guthaben und Konten bei privaten oder sonstigen Geldinstituten. Zugleich ist damit der Reichsbank die Möglichkeit gegeben, sich in den Verkehr des Geldmarktes einzuschalten. Diese Einschaltung ist, wie oben bereits vorweggenommen war, jetzt aber erst in die Erscheinung tritt, notwendig: denn nur auf diese Weise ist die unentbehrliche scharfe Abgrenzung der Geldschöpfung vom Geldverkehr zu erreichen. Sie ist aber außerdem auch vorteilhaft und wichtig, denn sie bietet der Reichsbank die beste Möglichkeit, einen Überblick über den Geldmarkt zu erhalten, und diesen muß sie haben, um ihren später zu behandelnden wirtschafts- und währungspolitischen Aufgaben gerecht werden zu können.

Über die Art, wie sich die Reichsbank in den Geldmarkt einzuschalten hätte, ist folgendes zu sagen:

1. Damit keine Konkurrenz zwischen den Privatbanken und sonstigen Geldinstituten und der Reichsbank entsteht, darf diese die auf Girokonto entstehenden Guthaben — wie bisher schon — nicht verzinsen.

2. Im übrigen steht rechtlich und wirtschaftlich nichts im Wege, die Anlage dieser Guthaben in bestimmten Grenzen dem freien Ermessen der Reichsbank zu überlassen. Zur Anlage wären zum Beispiel der bisherigen Praxis entsprechend zuzulassen:

A. Erstklassige Devisen (die Begründung hierfür wird später gegeben).

B. Akzeptierte Wechsel mit einer Laufzeit von nicht mehr als drei Monaten und mit mindestens drei zahlungsfähigen Unterschriften, ohne daß sie im übrigen allen Bedingungen zu entsprechen brauchten, die notwendig wären, um ihnen die Fähigkeit zu verleihen, als Grundlage einer Geldschöpfung durch die Reichsbank zu dienen.

C. Die Lombardierung von besonders zu bezeichnenden Wertpapieren, unter jeweiliger Festlegung der zulässigen Beleihungshöhe.

D. Reichsschatzwechsel, aber nur bis zu einem Gesamtbetrage von 400 000 000 D. M. und mit einer Laufzeit von höchstens drei Monaten.

3. Ein erheblicher Teil der Giroguthaben aber müßte in der Art der Kassenbestände der Privatwirtschaft durch Geldzeichen gedeckt sein, denn die Bankabteilung der Reichsbank steht volkswirtschaftlich allen anderen Geldinstituten gleich, die auch in ihren Kassen ständig Bestände von Geldzeichen halten müssen, um den Bardispositionen ihrer Kundschaft genügen zu können. Ein bestimmtes prozentuales Verhältnis hierfür festzusetzen, empfiehlt sich nicht, um der Bankabteilung die Möglichkeit einer den schwankenden Bedürfnissen des regulären Geldverkehrs angepaßten elastischen Anlagepolitik zu gewähren.

Damit ist die Stellung und Aufgabe der Reichsbank im Geldverkehr gekennzeichnet, und es bleibt hiernach nur noch übrig, festzustellen, ob und in welchem Umfange ihr eine Kontrolltätigkeit gegenüber Art und Tempo der Entwicklung der heimischen Volkswirtschaft zukommt, und wie sie diese und ihre letzte große Aufgabe, die Verteidigung des Pari der heimischen Währung gegenüber den fremden Währungen, zu erfüllen in der Lage ist.

Da die von ihr ausgeübte Geldschöpfung nur auf Grund neu hergestellter und damit neu in die Volkswirtschaft eingeführter Konsumgüter erfolgen soll, der Preis von Gütern aber ein schwankender, bald steigender, bald sinkender ist, muß die Geldschöpfung als solche in ihrer Wirksamkeit kurz befristet sein. Dies wird in unübertrefflicher Weise durch die Beschränkung der Laufzeit der für diesen Zweck zum Ankauf durch die Reichsbank zugelassenen Wechsel auf höchstens drei Monate erreicht. In Zeiten krisenhafter Preisentwicklung kann diese Frist aber weiter erheblich verkürzt werden, indem die Reichsbank, wie bereits öfters geschehen, erklärt, nur noch solche Wechsel anzukaufen, die nicht länger als 50, 40, 30 usw. Tage laufen. Schon dies ist eines der Mittel, das ihr zur Beeinflussung der wirtschaftlichen Entwicklung zur Verfügung steht.

Sie kann ferner den Diskontsatz, zu dem sie die Wechsel ankauft, je nachdem eine Belebung oder Einschränkung der wirtschaftlichen Tätigkeit angezeigt erscheint, herab- oder heraufsetzen.

Die gleichen Mittel können sich auch als wirksam erweisen, wenn es gilt, die Währung zu schützen. Für diese Aufgabe wird die Reichsbank aber in erster Linie — auch hierin übrigens in Fortsetzung ihrer bisher schon befolgten Praxis — unter Verwendung ihres in Zukunft nicht mehr benötigten Golddepots erstklassige Devisen ankaufen und auch späterhin ständig einen großen Bestand an solchen zu unterhalten haben. Dieser Devisenbestand ist notwendig, um die Reichsbank in den Stand zu setzen, durch Abgabe oder Kauf von Devisen den Kurs der Währung dem jeweiligen Stande der deutschen Zahlungsbilanz entsprechend zu regulieren, womit aber nicht etwa eine durchaus starre Aufrechterhaltung des Pari der Währung, sondern eine elastische, der jeweiligen Devisenmarktlage angepaßte Festsetzung der einzelnen Devisenkurse, entsprechend den bisherigen Schwankungen um den Goldpunkt herum, gemeint ist[1].

Soweit die Reichsbank Devisen von inländischen Produzenten, die diese für Warenverkäufe nach dem Ausland erhalten haben, erwirbt, kann sie dieselben jeweils unbedenklich zur Grundlage einer neuen Geldschöpfung machen, da das Entscheidende hierbei ist, daß die verkauften Waren ein Produkt der einheimischen Volkswirtschaft sind.

---

[1] Auf die großen Vorteile, die sich aus der Einführung einer abstrakten Geldwährung ergeben würden, kann und soll hier nicht näher eingegangen werden. Sie würde die Geldpolitik mit einem Schlage von der Last und Fessel der Golddeckung befreien und damit alle die Maßnahmen, die bisher zum Zwecke der Aufrechterhaltung dieser oft genug, wenn nicht immer, gegen die Interessen der Wirtschaft angewandt werden mußten, frei machen für eine sehr viel stetigere, wirksamere und zugleich zu ihrem Vorteile dienende Beeinflussung der heimischen Volkswirtschaft.

Da es aber erwünscht oder vorteilhaft erscheinen kann, außer den aus der produzierenden Tätigkeit der einheimischen Volkswirtschaft fließenden noch weitere Devisen anzukaufen, muß die Reichsbank die Berechtigung erhalten, einen Teil der bei ihr auf Girokonto unterhaltenen Guthaben in dieser Weise anzulegen.

Um einen durchgreifenden Schutz der heimischen Währung zu gewährleisten, ist allerdings eine fortlaufende Beobachtung und notfalls Beeinflussung der Entwicklung und des Standes der heimischen Volkswirtschaft, vorzüglich der Zahlungsbilanz, unerläßlich. Insbesondere bedarf Ausmaß und Art der Einfuhr und der hieraus sowie aus direkter Kreditinanspruchnahme erwachsenden Verschuldung an das Ausland einer ständigen und strengen Kontrolle. Denn die Gesundheit und Selbständigkeit der heimischen Volkswirtschaft und damit zugleich die Unabhängigkeit nicht nur der heimischen Währung, sondern von Staat und Volk schlechthin, ist nur dann gewährleistet, wenn keine Überschuldung an das Ausland vorliegt. Welche gesetzlichen Maßnahmen (zum Beispiel Ablieferungspflicht aller in der heimischen Volkswirtschaft anfallenden Devisen an die Reichsbank oder zum mindesten eines Vorkaufsrechts auf diese zugunsten der Reichsbank, Genehmigungspflicht der Aufnahme von Anleihen im Auslande usw.) zur Sicherung der Durchführung dieser verschiedenartigen Kontrollen notwendig erscheinen, hängt von der jeweiligen wirtschaftlichen und außenpolitischen Lage ab.

So gliedern sich die der Reichsbank insgesamt gestellten Aufgaben in drei Gruppen und tritt zu der Geld- und der Bankabteilung zweckmäßigerweise noch eine dritte, die Währungsabteilung, hinzu.

Gewinne, die die Reichsbank erzielt, werden als Reserve, insbesondere auch als Reserve für Verluste, die sich aus der Währungsregelung ergeben, angesammelt.

Die vorstehende Lösung des Geld- und Währungssystems durch Umgestaltung der Reichsbank läßt deutlich erkennen, daß dem von ihrer Geldabteilung jeweils neu geschaffenen Gelde an und für sich nicht das Odium eines „dauernden" Geldes anhaftet. Einen dauernden Charakter erlangt das Geld erst, wenn und soweit es von den Empfängern gespart, das heißt nicht in Konsumgüter umgesetzt und auf diese oder andere Weise verbraucht wird. Alle ersparten Gelder aber verwandeln sich in Kapitalbesitz und damit letzten Endes in Dinge dieser Welt, die alle ohne Ausnahme keinen gleichbleibenden Besitz-

oder Nutzungswert in sich tragen und überdies meist mehr oder weniger der allmählichen Abnützung oder dem Verderb, insgesamt aber deren ganzem Ungefähr schwankender Geltung und Existenz ausgesetzt sind. Auch das Gold ist hiervon nicht beausnahmt; denn ist mit seiner hier vorgeschlagenen Demonetisierung erst einmal der Anfang gemacht, so wird diese unaufhaltsam sich durchsetzen und damit auch das Gold schließlich zu einem Gegenstande des freien Handels und schwankender Preise werden lassen, wie irgendein anderes beliebiges Metall.

Printed by Libri Plureos GmbH
in Hamburg, Germany